AF498930

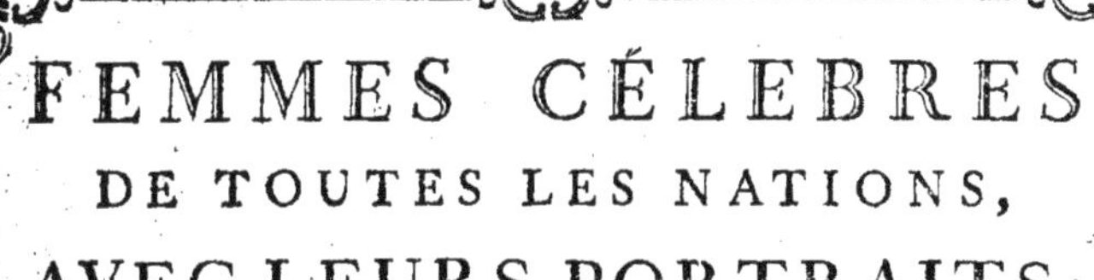

FEMMES CÉLEBRES
DE TOUTES LES NATIONS,
AVEC LEURS PORTRAITS:

Ouvrage présenté au ROI, *à la* REINE & *à la Famille Royale.*

> Non ! Promethée aux Cieux n'a pas ravi la flame,
> Sans doute il la puisa dans les yeux d'une Femme.

XVI LIVRAISON.

Prix 3 livres, & 4 liv. colorié pour MM. les Souscripteurs ;
(& 4 liv. & 5 liv. par Numéro *sans souscrire.)*

A PARIS,

Chez M. TERNISIEN D'HAUDRICOURT, Auteur de cet Ouvrage, rue ~~Saint-Honoré, vis-à-vis celle de Grenelle.~~ Feydeau N°. 19.
Et GATTEY, Libraire, au Palais-Royal, N°. 14.

M. DCC. LXXXVIII.

Avec Approbation & Privilége du Roi.

VALERIE MESSALINE, FEMME DE CLAUDE

GALERIE UNIVERSELLE.

VALERIE MESSALINE, FEMME DE CLAUDE.

IL y a des vices comme des vertus, qui ſemblent héréditaires dans les familles. Les mauvais exemples des pères ont quelquefois une eſpèce de contagion qui ſe communique juſqu'à leurs deſcendans; & une Dame, dont l'eſprit s'eſt fait admirer dans les Ouvrages qu'elle a donnés au Public, a dit fort galamment, qu'une mère coquette laiſſe rarement des filles ſévères. Valerie Meſſaline eſt un exemple malheureux qui

DON
54 22778

5883
(47) (16)

juſtifie cette maxime. Née d'une mère peu ſage, elle l'imita & même la ſurpaſſa dans ſes débauches. Elle remplit ſa vie de crimes, elle ſe ſouilla des déſordres les plus honteux & les plus crians. Ses proſtitutions furent les plus infâmes, ſes débordemens outrés, ſes diſſolutions publiques & déteſtables. Les plaiſirs les plus brutaux furent ceux qui eurent pour elle les attraits les plus vifs, les déréglemens les plus horribles ne ſe montrèrent à elle que ſous des images agréables, la vertu fut le ſeul objet qu'elle regarda avec des yeux d'horreur, & ſa réputation fut la choſe de laquelle elle ſe ſoucia le moins. Elle oublia ſa dignité, ſa naiſſance, la modeſtie naturelle à ſon ſexe, la fidélité qu'elle devoit à ſon époux & à ſon Empereur, pour s'abandonner brutalement à ſa paſſion, ſans avoir égard aux bienſéances ; ſans craindre le ſort funeſte de ſes ſemblables ; ſans appréhender ni la langue des critiques, ni la colère de Claude ſon époux : jamais on ne vit un pareil emportement.

Elle étoit fille de Valerius Meſſala Barbatus & de Lepida, qui fut accuſée de proſtitution & de magie, & d'avoir eu un commerce inceſtueux avec Domitius Ænobarbus, ſon frère ; & ce fut de cette impure ſource que ſortit ce ruiſſeau encore plus impur. Elle fut mariée avec Claude ſon couſin, qui déja avoit eu quatre femmes, Emilia Lepida, qu'il répudia avant qu'il habitât avec elle; Livie Medulline, qui mourut le jour même qui étoit deſtiné à ſes nôces; Plantine, de laquelle il eut Druſus, qui peu de jours après avoir fiancé la fille de Sejan, s'étrangla lui-même par accident, ayant voulu recevoir dans ſa bouche une poire qu'il avoit jettée en l'air en ſe jouant, & qui lui entra ſi avant dans le goſier, qu'on ne put point l'en retirer; & une fille appellée Claudie, qu'il fit expoſer toute nue devant la porte de ſa mère, ſur le ſoupçon qu'il eut, avec fondement ſans doute, qu'il n'en étoit pas le père: raiſon pour laquelle il répudia Plantine, pour épouſer Ælie Petine, de laquelle il eut Antonie, & qu'il répudia auſſi pour prendre ſa parente Meſſaline, qui fut beaucoup moins ſage que les autres. Il n'étoit alors que ſimple particulier; il en eut une fille qu'on appella Octavie, mariée depuis avec Néron, & un fils qu'on nomma Britannicus, & qui naquit le vingtième jour de ſon empire.

Meſſaline avoit reçu de la Nature un penchant ſi violent pour la galanterie, qu'il lui étoit bien difficile de ſe contenir dans les légitimes bornes du mariage, trop étroites pour un cœur embrâſé de mille convoitiſes. Elle avoit aſſez de beauté & aſſez de crédit pour s'attirer des galans, & trop peu de vertu pour les laiſſer long-temps ſouffrir. Auſſi verrons-nous de combien de déſordres elle noircit ſa vie. Au reſte, l'impudicité ne fut pas ſon ſeul vice, une cruauté impitoyable & une avarice effrénée furent encore en elle des crimes éclatans : & ſa domination fut également fatale à tout ce qu'il y eut de perſonnes chaſtes & riches. La dépravation de ſon cœur, ou plutôt la corruption de ſon tempérament, réveilloit ſa lubricité ; l'amour des richeſſes & des beaux héritages ſollicitoit ſa cruauté contre ceux qui en étoient les poſſeſſeurs : de manière que la débauche & l'avarice furent les deux funeſtes poles ſur leſquels roulèrent tous les deſirs & toutes les actions de cette infâme Impératrice. Malheureux ſort pour un Empire, quand il eſt gouverné par une femme, qui ne ſe conſeille qu'à ſes paſſions, dont la violence, ne trouvant rien qui lui réſiſte, ſe répand indifféremment ſur tous ceux que ſon caprice lui inſpire de perſécuter, & ſaiſit le premier objet qui ſe préſente pour en faire la matière de ſes crimes. Car Meſſaline ne porta ſes lubricités & ſes tyrannies aux derniers excès, que parce qu'on ne s'y oppoſa pas dès le commencement, ou qu'on n'en arrêta pas le progrès. L'impunité de ses crimes fut pour elle un engagement pour en commettre d'autres : tant il est vrai qu'il n'est rien que le crime n'ose entreprendre quand il est heureux.

Claude, à qui une troupe tumultueuse de soldats donna brusquement l'Empire, dans le temps que, saisi de crainte & de frayeur à la vue de cette multitude confuse, il croyoit qu'ils venoient lui ôter la vie, étoit un homme stupide & sans jugement, trop borné pour éclairer la conduite de cette femme, & trop timide pour en punir les désordres. Facile & inappliqué, il se donnoit tout entier aux plaisirs de la table & du jeu, ne s'embarrassant nullement de ses affaires domestiques, ni de celles de l'Empire, qui étoient pour lui un fardeau trop pesant, & dont il se déchargeoit sur ses Affranchis, tous gens artificieux & intéressés auxquels il se livroit aveuglement; & qui, pensant moins à la gloire de leur maître qu'à l'avancement de leur fortune, lui faisoient vouloir tout ce qu'ils trouvoient à propos : de manière qu'on peut dire que Claude étoit moins leur Souverain que leur esclave.

Cette indolence stup de de ce foible Empereur fut

la cauſe de tous les déréglemens de Meſſaline. De là prirent naiſſance ſes horribles proſtitutions & ſes cruautés tyranniques qui la rendirent redoutable aux vertueux & aux riches. Elle avoit d'abord gardé quelques meſures, ne ſe permettant que de petits crimes & même en ſecret, & avec précaution; mais voyant que rien ne s'oppoſoit à ſes deſirs déréglés, & qu'elle pouvoit tout entreprendre ſans rien craindre, elle ſecoua toute contrainte & toute pudeur, elle ſe livra ſans ménagement à ſes infâmes paſſions, peu à peu elle ſe familiariſa avec le crime; & cette funeſte habitude lui ayant fortifié l'eſprit contre toutes les raiſons qui pouvoient l'obliger à quelque retenue, elle ſe laiſſa aller à des déſordres honteux, qu'elle outra ſi fort, que les Hiſtoriens même qui les rapportent, conviennent que la poſtérité aura peine à les croire.

Elle commença ſes violences par le meurtre de la Princeſſe Julie, fille de Germanicus, & épouſe de M. Vinicius. Celle-ci avoit été reléguée dans l'iſle de Pontia avec ſa ſœur Agrippine, par ordre de Caligula leur frère, qui leur avoit ôté la liberté après leur avoir enlevé l'honneur. Claude, leur oncle, touché de leur malheur, les rappella de leur exil, & les remit dans leurs biens & dans toute la ſplendeur de leur première fortune. Ces illuſtres bannies parurent à la Cour, & elles y tinrent le rang qui étoit dû à leur naiſſance, & qu'elles ſoutenoient d'ailleurs par leur beauté & par leur mérite. L'Empereur avoit de grands égards pour Julie, il prenoit plaiſir d'être ſeul avec cette Princeſſe, & l'on voyoit qu'ils avoient ſouvent de longs entretiens enſemble. Meſſaline prit ces marques de complaiſance pour des ſentimens de tendreſſe, & elle en fut d'abord alarmée. Claude étoit foible, ſujet au changement : Julie étoit belle, & peut-être ambitieuſe, & ſes charmes étoient aſſez puiſſans pour faire naître au Prince l'envie de l'épouſer. Meſſaline eut cette crainte, & d'abord elle regarda Julie comme ſa rivale. Un autre ſujet l'indiſpoſa encore contre cette Princeſſe. Sortie du ſang des Céſars, elle apportoit de ſa naiſſance une noble fierté, qui ne ſut jamais plier ni ſe réſoudre à ces lâches & indignes complaiſances que l'Impératrice exigeoit, ni à faire ces baſſeſſes honteuſes & avoir ces déférences rampantes, qui étoient les degrés ordinaires par leſquels on montoit à la faveur; mais qui étoient pour elle une politique trop fatigante. Voilà quels furent ſes véritables crimes. On ne manqua pas de lui en reprocher d'autres, qu'on fut dans l'impoſſibilité de prouver; mais pour leſquels cependant Julie fut remenée en exil, où, peu de temps après, ſa vie fut ſacrifiée à la jalouſie de Meſſaline.

Seneque eut part à ſa diſgrace. On l'accuſa de ne s'être pas toujours comporté en ſage Philoſophe avec la Princeſſe Julie ; &, ſur cette accuſation, Claude l'exila dans l'iſle de Corſe. Seneque, tout Stoïcien qu'il étoit, ſentit juſques dans le fond de l'ame la peine & la honte de ce banniſſement. Il en conſerva un ſouverain ulcère, qui ſe répandit en invectives ſanglantes & en ſatytes envenimées contre cet Empereur, quand la mort l'eut mis hors d'état de lui nuire davantage. Peu s'en fallut auſſi qu'Agrippine n'eût le ſort de ſa ſœur. Meſſaline avoit pris ombrage de ſon mérite & de ſa beauté, & elle avoit réſolu d'éteindre l'un & l'autre dans ſa mort : mais celle de la fille de Druſus lui paroiſſant plus néceſſaire, elle tourna ſes vues de ce côté-là. Cette Princeſſe, appellée Julie, qui étoit auſſi nièce de Claude, avoit eu le malheur de ne pas plaire à Meſſaline ; & pour ce crime on lui donna la mort. C'eſt cette Julie, qui fut liée d'une ſi étroite amitié avec Pomponia Græcina, femme de Plautus, que celle-ci celle-ci ayant vu traiter ſi cruellement cette Princeſſe, elle en eut un chagrin qui ne finit qu'avec ſa vie. Elle la paſſa pendant quarante années dans le deuil & dans la triſteſſe, nourriſſant ſa mélancolie dans la ſolitude, éloignée de tous les plaiſirs & de tous les divertiſſemens même les plus innocens. Pomponia étoit une Dame d'un grand mérite. Sa conduite fut toujours ſi régulière, que l'Annalyſte de l'Egliſe a conjecturé qu'elle avoit embraſſé la Religion Chrétienne, que les Apôtres Saint Pierre & Saint Paul avoient déja prêchée à Rome. En effet, Pomponia fut accuſée de croire aux ſuperſtitions étrangères; & c'eſt ainſi qu'on appelloit la Religion des Chrétiens. Comme la croyance de cette Dame intéreſſoit Plautius ſon époux plus que perſonne, ce fut devant lui que Pomponia fut renvoyée. Tous ſes parens furent aſſemblés; Plautius cita ſa femme devant ce Tribunal domeſtique. Le procès lui fut fait ſelon les loix anciennes; & Pomponia ayant juſtifié ſa conduite au gré de ſon époux, fut déclarée innocente.

Meſſaline ayant guéri ſa jalouſie par la mort de celles qui l'avoient excitée, ne ſongea plus qu'à ſatisfaire ſes paſſions. Elle fit éprouver ſa cruauté à tous ceux qui eurent aſſez de vertu pour ne pas céder à ſes infâmes pourſuites; elle fit des crimes d'Etat à ceux qui n'en voulurent pas commettre avec elle, & la mort fut le prix de leur réſiſtance. Appius Silanus fut des premiers perſécutés ; ſa vertu lui coûta la vie. Claude lui avoit fait épouſer Domitia Lepida ſa belle-mère, & l'honoroit de ſon eſtime & d'une amitié particulière ; & certainement il faut convenir qu'il en étoit digne, tant par la grandeur de ſa naiſſance, que par ſon mérite perſonnel, qui lui avoit procuré l'honneur d'épouſer en premières nôces Æmilia Lepida, petite-fille d'Auguſte. Silanus, eſtimé de toute la ville, fut aſſez malheureux pour plaire à Meſſaline; & cette Princeſſe n'écoutant que ſa brutale paſſion, laiſſa voir à ſon beau-père des ſentimens dont il eut horreur.

Ce Sénateur, qui avoit un grand fond de probité, lui repréſenta que attaché à elle, par les liaiſons les plus intimes & par l'alliance la plus étroite, il ne pouvoit ſans crime avoir pour elle la moindre complaiſance, ni répondre à des deſirs ſi illégitimes ; mais cette raiſon ne fit pas revenir Meſſaline de ſa criminelle paſſion. Les conſidérations les plus puiſſantes ſe trouvent foibles, quand il faut forcer pour ainſi dire la Nature, & s'oppoſer à la violence du tempérament. L'Impératrice, dont les brûlans desirs s'irritoient dans les difficultés qu'elle trouvoit à les satisfaire, redoubla ses poursuites, & Silanus sa résistance. Elle fut victorieuse, & Messaline eut la honte d'avoir employé inutilement les promesses & les menaces pour la corrompre. Il n'en fallut pas davantage pour porter cette Princesse à la rage. Elle ne put voir ses desirs trompés sans en concevoir une haine implacable. Elle jura de perdre Silanus, & de venger par sa mort les démarches scandaleuses qu'elle avoit fait sans succès. Elle ne voulut pas se compromettre elle-même dans cette affaire; mais elle recommanda sa vengeance à Narcisse, qui lui étoit entièrement dévoué, & qui étoit plein de ressources pour faire réussir une trahison.

Cet Affranchi, puissant par ses richesses immenses, qu'il avoit amassées par le vol, par la rapine, & en devenant le fléau de tout ce qu'il y avoit de gens riches dans Rome & dans les provinces, se prêta facilement à Messaline pour opprimer Silanus dont elle n'avoit pu souiller la vertu; & parce qu'on ne pouvoit pas imputer à ce Sénateur de crime dont on pût raisonnablement le convaincre, il eut recours à la calomnie & à l'artifice. Il entra un jour fort matin dans la chambre de l'Empereur, ayant fort adroitement composé son visage à la tristesse, & après avoir poussé à dessein quelques soupirs, qui sembloient marquer la grandeur du péril qu'il venoit annoncer: il déclara à Claude, qu'il avoit vu en songe le traître Silanus plonger un poignard dans le sein de son Prince.

A ce fabuleux récit, Messaline fit l'effrayée, & protesta que depuis quelque temps elle avoit fait de semblables songes. Claude, qui étoit léger d'esprit, donna dans le piége qu'on lui tendoit. Il fut d'abord saisi de frayeur, & ses alarmes lui parurent d'autant plus raisonnables, qu'il les croyoit fondées sur une fausse image d'un péril certain & éminent; car, dans le temps même que Messaline & Narcisse jouoient si bien leur rôle, l'on vint dire à l'Empereur que Silanus étoit à la porte. Il y étoit en effet, parce que, par un stratagême adroit & malin, on lui avoit mandé le soir précédent de venir de bon matin au palais, & Silanus n'avoit pas manqué de s'y rendre. Claude en fut à peine informé, qu'effrayé déja par tout ce qu'on lui avoit dit, il demeura plus que jamais confirmé que Silanus avoit quelque dessein criminel, & qu'il venoit pour l'exécuter; & la peur lui ôtant la liberté d'approfondir ce myſtère, & d'examiner ſi ce Sénateur étoit effectivement coupable, il le fit tuer ſur le champ. Ce ſtupide Empereur crut devoir ſon ſalut à Narciſſe. Il lui fit de grands remercîmens de ce qu'en dormant même il veilloit à ſa conſervation, & il n'eut pas honte d'aller faire au Sénat un récit ennuyeux de la manière dont la choſe s'étoit paſſée.

Le meurtre de Silanus ſervit, à tout ce qu'il y avoit dans Rome de gens de bien, d'un triſte exemple qui leur apprit que leur vie ne pouvoit être un ſeul moment en ſûreté ſous ce fantôme d'Empereur, qui n'étoit que l'inſtrument dont Meſſaline & les Affranchis ſe ſervoient pour exercer leur cruauté; & le malheur de leurs compagnons étoit un préjugé de celui qui les menaçoit. Pour le prévenir, on réſolut d'arracher Claude du trône qu'il occupoit ſi indignement. Il ſe forma une conſpiration dans laquelle beaucoup de Sénateurs & de Chevaliers entrèrent; & pour avoir un Chef de conſidération, ils mirent à leur tête Furius Camillus Scribonianus, Gouverneur de la Dalmatie, & maître d'une armée conſidérable, lequel ſe laiſſant étourdiment tranſporter à de vaines eſpérances, oſa porter ſa vue juſques ſur le trône, & permit qu'on le ſaluât Empereur : la grandeur de cette haute dignité lui cachant celle du péril auquel il s'expofoit.

Cette hafardeufe entreprife fut conduite avec plus de précipitation que de prudence ; auffi fut-elle fans fuccès. Camillus & fes complices, qui connoiffoient Claude pour un Prince extrêmement timide, fe contentèrent de lui écrire une lettre remplie de reproches & de menaces, lui ordonnant infolemment de fe démettre de l'Empire, qu'il n'étoit pas capable de gouverner, & de reprendre fa vie privée. Ce deffein mal digéré fut funefte à tous ceux qui l'avoient conçu, & fatal à toute la ville ; & la joie de Camillus fut auffi courte que l'épouvante de Claude. Car dans le temps que ce Prince, qui fe crut d'abord perdu, délibéroit avec les principaux du Sénat s'il obéiroit à Camillus ; on apporta la nouvelle que la confpiration s'étoit diffipée d'elle-même, les foldats, par un principe de religion, n'ayant pas voulu obéir à leur Chef, parce que les légions qui avoient déja prêté ferment de fidélité au nouvel Empereur, ayant été commandées pour marcher vers lui, l'on ne put jamais tirer les drapeaux qui étoient fichés en terre. Cet accident remplit les efprits de fuperftition. Ils crurent que les Dieux ne vouloient pas qu'ils reconnuſſent l'autorité uſurpée de Camillus; & ſur cette croyance, ils abandonnèrent ce rebelle Sénateur, lequel prit d'abord la fuite, & ſe retira dans une iſle où il fut tué entre les bras de ſa femme Junie, expiant ſa témérité par une mort ſi funeſte, laquelle doit apprendre aux ambitieux, que la raiſon doit effacer de leur eſprit cette fauſſe image de grandeur que la vanité y forme, & qu'une fin malheureuſe eſt le ſort ordinaire de ceux qu'une folle ambition fait ſoulever contre l'autorité légitime.

Cependant on fit une exacte recherche de tous ceux qui avoient eu part à la conſpiration de Camillus, & ce prétexte colora l'avidité & les reſſentimens de Meſſaline & de Narciſſe; car ſous ombre de zèle pour Claude, ils remplirent Rome de meurtres, de ruines, de funérailles. Jamais cette ville ne gémit ſous un ſi cruel fléau. Les richeſſes devinrent funeſtes à leurs poſſeſſeurs, on leur ſuſcitoit des délateurs, on trouvoit en eux des crimes d'Etat, pour leſquels on leur confiſquoit leurs biens, & ſouvent on leur ôtoit la vie. L'innocence devint une ſauve-garde mal aſſurée contre l'artifice; ſous prétexte de punir les complices de Camillus, on faiſoit mourir une infinité de gens qui n'étoient coupables que parce qu'ils étoient riches ; car il eſt certain que de toutes ces malheureuſes victimes de l'avarice & de la fureur de l'Impératrice, la plus grande partie porta la peine de ſon avidité, plutôt que celle du crime. On n'entendoit parler que de tourmens affreux, que de ſanglantes exécutions ; la pauvreté fut le ſeul aſyle où l'on pouvoit ſe mettre à couvert de cette tempête, & les plus illuſtres familles furent réduites à la plus honteuſe misère, parce que pour ſe ſauver de la cruauté de Meſſaline & de Narciſſe, elles ſe voyoient obligées de s'abandonner à leur cupidité ; c'étoit un feu qu'on ne pouvoit éteindre qu'avec une pluie d'or. On vit appliquer à la queſtion des Chevaliers Romains & même des Sénateurs, quelques reſpectables que cette dignité rendît leurs perſonnes : enfin l'on en vint à ce comble de misère, que pluſieurs aimèrent mieux ſe donner la mort par leurs propres mains, que de mourir à tout moment de crainte & de frayeur. Cæcinna Pætus prit ce parti, après y avoir été encouragé par l'exemple d'Arrie ſa femme, qui anima le courage chancelant de ſon époux, en ſe donnant elle-même la mort en ſa préſence, avec une fermeté d'ame qui fait encore beaucoup de bruit dans l'Hiſtoire

Meſſaline,

Meſſaline, devenue plus inſolente par le peu de ſuccès de cette conſpiration & par le faux bonheur de ſes crimes, porta ſes impudicités aux plus grands excès. Elle répondit ſans remords à tous les appétits de ſon incontinence effrénée, & ſe plongea dans tous les déréglemens de la débauche la plus outrée. Comme elle étoit enivrée de ſa puiſſance, que tout le monde redoutoit, elle s'imagina que tout devoit céder à ſes deſirs fougueux; la moindre réſiſtance allumoit ſa colère. Auſſi trouva-t-elle par-tout des adultères. Proculus, Urbicus, Trogus, Calpurnianus, Capitaine du Guet, Rufus, le Sénateur Virgilianus, Montanus, Chevalier Romain, Cenſonius & beaucoup d'autres, qu'un Poëte appelle les Rivaux des Dieux, furent de ce nombre. Plautius Lateranus eut encore part aux faveurs de cette Princeſſe, auſſi-bien que le Médecin Valens, qui ſe piquoit d'éloquence, & qui ſe voyant appuyé de Meſſaline, inſtitua une nouvelle Secte.

Vinicius n'eut pas pour elle une ſi criminelle complaiſance. Il étoit d'une famille illuſtrée par deux Conſulats,* & il avoit toutes les qualités qui ſont un véritable honnête homme, ſoutenues d'une grande politeſſe & d'une droiture de cœur qui lui avoit gagné l'eſtime de tout le monde. Tibère, qui l'avoit honoré de ſon alliance, lui avoit encore confié pluſieurs emplois importans, & Caligula, dont il étoit ſi difficile de contenter long-temps l'humeur bizarre & capricieuſe, n'avoit jamais rien trouvé en lui à reprendre, tant ſa conduite avoit toujours été judicieuſe. Il n'y avoit que Meſſaline qui fût capable d'ôter au Sénat un de ſes plus illuſtres ornemens. Cette Impératrice, qui ne donnoit nulles bornes ni à ſes plaiſirs, ni à ſes deſirs, ſe laiſſant emporter à ſa brutalité, fit à Vinicius des avances de galanterie qui ne furent pas reçues comme elle le ſouhaitoit. Elle trouva dans ce Sénateur l'honnêteté dont elle s'étoit dépouillée. Il étoit trop ſage pour vouloir ſouiller le lit de ſon Empereur; il réſiſta conſtamment aux pourſuites de Meſſaline, & mépriſa généreuſement ſes menaces: mais il lui en coûta cher.

Une femme qui a eu la foibleſſe d'offrir des faveurs qu'elle voit mépriſées, eſt étrangement à craindre. Elle eſt capable de tout ce que la vengeance peut inſpirer de cruel. Comme elle ne peut voir ſans honte celui à qui elle a voulu proſtituer ſon honneur & ſa perſonne, elle ne ſonge qu'aux moyens de perdre un objet qui ſemble lui reprocher éternellement ſa turpitude. L'Hiſtoire ſacrée & profane nous fournit plusieurs exemples des barbares extrêmités où se sont portées des femmes ainsi rebutées. Joseph perdit sa liberté pour avoir conservé sa chasteté incorruptible; il fut dépouillé de ses emplois & renfermé dans une affreuse prison, pour avoir opposé une sage résistance aux feux impudiques & aux ardentes sollicitations de la femme de Putiphar; & l'Impératrice Marie d'Arragon, femme d'Othon III, fit mourir cruellement, par ses artifices, un jeune Comte de sa Cour, qui, plus fidèle à son Prince, qu'elle à son époux, n'avoit pas voulu commettre le crime auquel elle le sollicitoit depuis long-temps, & l'accusa elle-même à l'Empereur d'avoir voulu attenter à sa pudicité, quand elle vit qu'elle n'avoit pu corrompre la sienne, demandant impudemment justice d'un crime dont elle étoit seule coupable, pour lequel cependant l'Empereur, un peu trop crédule, sans doute, fit trancher la tête au pauvre Comte, par un jugement précipité dont il reconnut bientôt l'injustice.

Tel fut le sort de Vinicius; il ne survéquit pas long-temps à sa victoire. Messaline, qui étoit en possession de se faire obéir, outrée de dépit & de chagrin, non pas par la honte d'avoir fait des démarches qu'elle n'avoit pas accoutumée de ménager, mais par la mortification de les avoir fait ſans ſuccès, ſe défit bientôt de ce Sénateur, dont la vertu ſembloit être un cenſeur ſévère & importun de ſa conduite irrégulière. Vinicius mourut empoiſonné, par les artifices de l'Impératrice, & fit voir, par ſa mort, combien il étoit dangereux de lui réſiſter.

Une lubricité ſi outrée ne mit pas de bornes aux crimes de cette Princeſſe, & ce que nous en avons déja dit, n'eſt encore qu'une légère ébauche de ſes débordemens. Toujours altérée de plaiſirs, elle ne ſe contenta pas de ſe plonger brutalement dans les plus groſſiers & les plus infâmes, de s'abandonner à tout venant, & de tout accorder à ſes brûlans deſirs, ſans pouvoir jamais les ſatisfaire juſqu'à la ſatiété ; elle voulut encore avoir des compagnonnes & imitatrices dans ſes proſtitutions ; & parce que l'autorité de l'exemple eſt d'un grand poids, elle crut diminuer l'horreur de ſes turpitudes, en aſſociant à ſes crimes les plus qualifiées Dames de Rome, qu'elle obligea à vivre avec elle dans un honteux libertinage. De plus, pour porter la brutalité au dernier période, elle les força à ſe proſtituer à des gens perdus de débauches, & en préſence de leurs maris, qu'elle rendoit ſpectateurs de leurs infamies, & ſouvent complices & approbateurs de leurs crimrs : car elle combloit de dignités & de récompenſes, ceux qui approuvoient ces abominables proſtitutions ; & ceux au contraire qui, ne voulant pas être témoins de leur honte, refuſoient de ſe trouver à ces déteſtables parties, recevoient la mort pour prix de leur fermeté & de leur pudeur. Enfin, ce monſtre d'impureté, laſſé des plaiſirs ordinaires, qui n'avoient plus pour elle aucun appas, voulut donner à ſa lubricité des voluptés monſtrueuſes, & pour cela, elle fit dreſſer exprès dans le palais une chambre, qui devint un gouffre affreux, où la pudeur des plus conſidérables Dames de Rome alla faire un triſte & déplorable naufrage ; & elle fit mettre ſur la porte de cette infâme lieu le nom de la plus fameuſe courtiſanne de Rome, ſous le nom de laquelle elle étoit la première à ſe livrer toutes les nuits à tout le monde, tirant un gain honteux de ſes crimes, exigeant brutalement le prix des faveurs qu'elle accordoit ſi facilement, & ne ſe retirant que quand le jour la chaſſoit, laſſée de ſe donner au crime ſans avoir aſſouvi ſes deſirs brutaux.

Ici l'étonnement s'épuiſe, & il ſemble qu'on ne

peut pas s'imaginer ſainement que des déſordres ſi crians & ſi publics, qu'ils étoient connus non-ſeulement de tout l'Empire, mais même des Nations étrangères, fuſſent ignorés de Claude ſeul; & que ce Prince n'eût perſonne, qui fût aſſez dans ſes intérêts, pour lui découvrir les épouvantables débauches de ſa femme. Il eſt vrai qu'il étoit ſi ſtupide & ſi hébêté, que Meſſaline lui faiſoit croire tout ce qu'elle vouloit; détruiſant ſans peine tout ce que les autres lui diſoient contre elle, par cet aſcendant qu'elle avoit ſur ce foible Prince, auquel on n'oſoit rien confier, de crainte qu'il ne l'apprît enſuite à Meſſaline, qui le maîtriſoit ſi abſolument, qu'elle le faiſoit applaudir à tout ce qu'elle vouloit, & même à ſes proſtitutions.

Cela parut dans le crime de Mneſter, le danſeur le plus adroit de ſon temps. Meſſaline, qui s'étoit fait un front d'airain, incapable de rougir de honte, & qui couroit toujours après de nouvelles voluptés, en étoit devenue ſi follement amoureuſe, qu'aux dépens même de l'Empereur, elle avoit fait dreſſer, à l'honneur de ce bateleur, des ſtatues qui étoient comme autant de monumens de ſa lubricité, & de l'imbécillité du Prince qui la ſouffroit.

Cependant, quelques ardentes ſollicitations qu'elle fît à Mneſter, d'avoir pour elle les complaiſances que tant d'autres avoient eu, elle trouva toujours en lui une réſiſtance opiniâtre qui ne venoit pas de ſa vertu, mais de la crainte qu'il avoit d'être un jour puni de ſa témérité. Meſſaline ne ſe rebuta pas; elle preſſa ce Comédien, elle le carreſſa, elle le menaça, & le prit enfin par tant d'endroits, que vaincu par les pourſuites importunes de l'Impératrice, il lui promit de faire tout ce qu'elle voudroit, ſi l'Empereur l'approuvoit.

Exiger un pareil conſentement, c'étoit ſans doute demander une condition impoſſible, & l'on ne peut penſer, ſans folie, qu'une Impératrice pût porter l'impudence juſqu'à ce point, que de vouloir obtenir de ſon époux la permiſſion de lui faire une infidélité. Cependant cette condition ſi extravagante ne coûta rien à Meſſaline. Elle va trouver Claude; & après mille carreſſes trompeuſes qu'elle lui fit, elle ſe plaint à lui de ce qu'ayant eu beſoin de Mneſter pour quelque choſe, il avoit refuſé de lui obéir: elle ſe récrie ſur le mépris qu'on fait de ſes ordres, elle fait l'affligée, elle prie l'Empereur d'ordonner qu'on lui obéiſſe. Claude, dont l'eſprit étoit foible au dernier point, entra dans les raiſons de ſa femme; il fit appeller Mneſter, & lui commanda de faire aveuglément tout ce que l'Impératrice lui ordonneroit. Un ordre ſi précis guérit la délicateſſe de Mneſter & diſſipa ſes craintes. Il devint l'adultère de Meſſaline ſous le bon plaiſir de Claude, raiſon qu'il ne manqua pas de faire valoir dans la ſuite.

Ce Danſeur pourtant ne fut pas trop fidèle à Meſſaline. Il étoit encore aimé de Popée; & pour répondre à ſon amour, il n'avoit eu garde, ſans doute, de demander la permiſſion du Prince. Meſſaline, qui ne vouloit Mneſter que pour elle, fut à peine inſtruite de cette intrigue, qu'elle réſolut de perdre ſa rivale. Cette femme étoit célèbre par une beauté extraordinaire, qui ne fut effacée que par celle de Sabine Popée ſa fille, qui fut encore plus belle, & auſſi débauchée; comme ſi, dans celles de ce nom, la beauté & la ſageſſe avoient fait un éternel divorce. On l'accuſa d'être d'une trop grande familiarité avec Valerius Aſiaticus, Sénateur de grande diſtinction, qui avoit été deux fois Conſul. Ce fut le crime que Meſſaline fit reprocher à Popée, & qu'elle fit d'autant plus valoir, que, dans cette même accuſation, elle vouloit envelopper Aſiaticus, afin d'envahir les fameux

fameux jardins de Lucullus qu'il possédoit, & dont l'Impératrice avoit envie depuis long-temps. Ainsi, elle étoit sollicitée à la perte de Popée & d'Asiaticus, par sa jalousie & par son avarice.

Suilius & Sosible, Gouverneurs du Prince Britannicus, prêtèrent leur ministère à cette trahison. Ces ames vénales accusèrent Asiaticus de s'être souillé avec Popée d'un adultère détestable, & parce que Messaline avoit honte de punir dans les autres un crime dont elle s'étoit rendue tant de fois coupable, on fortifia cette accusation par un autre encore plus grave, en chargeant Asiaticus d'avoir voulu porter à la révolte les garnisons de la Germanie, & se faire Chef de parti. On porta la calomnie encore plus loin, en ajoutant qu'Asiaticus avoit été l'auteur du meurtre de Caligula, & qu'il avoit fait gloire de cet horrible assassinat. Messaline ne pouvoit être mieux servie, & on ne pouvoit couvrir sa vengeance & sa persécution d'un voile plus honorable & plus glorieux, que de celui de la justice que l'on devoit exercer contre le téméraire parricide d'un Empereur.

Sur cette accusation, Asiaticus est arrêté à Bayes: on le charge de chaînes, on le mène à Rome, & on le conduit ensuite au palais de l'Empereur, pour être ouï dans sa défense. Comme il étoit innocent de tous les crimes qu'on lui reprochoit, il se présenta devant Claude avec une confiance, qui étoit un sûr garant de son innocence ; & il sut se justifier avec tant de force, en donnant des preuves convaincantes de la fausseté de cette accusation, & en convainquant d'imposture ses ardens accusateurs, à l'un desquels il fit même, fort à propos, un sanglant reproche, qui le couvrit de confusion, que l'Empereur, persuadé qu'il n'étoit pas coupable, fit paroître une grande disposition à lui pardonner. Messaline, toute impitoyable qu'elle étoit, laissa voir elle-même des sentimens humains, & elle ne put l'entendre se justifier si bien de tout ce dont on l'accusoit, sans laisser couler quelques larmes. Mais sa compassion fut d'abord étouffée par sa cupidité. Comme elle n'étoit pas femme à laisser un crime imparfait, quand il s'agissoit de satisfaire ses passions : en sortant de la chambre de Claude, où se jouoit cette comédie, elle chargea Vitellius de ne pas laisser échapper cet accusé. Messaline ne pouvoit donner cette commission à un homme plus capable de la faire réussir : elle connoissoit son caractère; & Vitellius l'avoit justifié dans des occasions délicates, où la perfidie & la trahison avoient eu d'heureux ſuccès entre ſes mains. Ce courtiſan flatteur & corrompu, voyant que Claude délibéroit ſur l'affaire d'Aſiaticus, & qu'il ne ſavoit à quoi ſe réſoudre, s'approcha de ce Prince, affectant, par une malice horrible, une fauſſe compaſſion pour ce prétendu criminel, avec lequel il diſoit avoir toujours vécu d'une amitié étroite. Il allégua tout ce qu'il put imaginer de touchant en ſa faveur, & ſur-tout ſes ſervices rendus à la République; & en particulier à la Maiſon du Prince; & laiſſant enſuite couler artificieuſement quelques larmes, il pria l'Empereur, au nom d'Aſiaticus, de lui laiſſer la liberté de choiſir tel genre de mort qu'il voudroit, puiſqu'il ne demandoit que cette grace.

Claude, qui crut que Vitellius ne parloit que de la part d'Aſiaticus, y conſentit volontiers; & ce malheureux Sénateur, qu'on condamna à la mort, fut obligé de ſe faire ouvrir les veines, après avoir hautement proteſté, qu'il lui auroit été moins fâcheux d'être mort par quelque artifice de Tibère, ou par quelque ordre du cruel Caligula, que de périr par la trahiſon d'une femme, & par les impoſtures d'un infâme calomniateur. Popée ne vivoit plus quand Aſiaticus ſe donna la mort: Meſſaline l'avoit ſi fort effrayé, par les menaces d'une affreuse prison, qu'elle aima mieux se donner tout d'un coup une mort réelle, que de mourir tous les jours de crainte. Les accusateurs, qui apparemment n'avoient pas trahi gratuitement Asiaticus, furent largement récompensés de leur crime. Crispin, Capitaine des gardes, pour l'être allé arrêter à Bayes, reçut une grosse somme d'argent avec les ornemens & les priviléges des Préteurs : on fit un présent considérable à Sosible, & les plus beaux emplois de l'Empire furent le prix de la perfidie de Vitellius. Il s'y soutint par les mêmes voies qui les lui avoient acquis; c'est-à-dire, par l'artifice, la calomnie, & sur-tout par la flatterie qu'il savoit mettre en usage, en faisant des bassesses si indignes, qu'il n'avoit pas honte de porter sous sa robe un soulier de Messaline, & de le baiser continuellement en public comme une chose sacrée.

Après tout ce que nous avons dit de Messaline, il semble qu'elle ne pouvoit point porter ses désordres plus loin, & qu'elle n'avoit plus de nouveau crime à commettre : mais il nous reste encore à parler d'un, dont on n'avoit jamais vu d'exemple, & dans lequel elle enferma tous les autres. Elle se mit en tête d'épouser publiquement C. Silius, dont elle étoit devenue éperduement amoureuſe, & d'avoir par-là deux maris à la fois. Silius étoit d'une des plus illuſtres familles de Rome ; & dans toute la ville, il n'y avoit pas d'homme mieux fait que lui. Il étoit déſigné Conſul, & avoit pour femme Junia Silana, Dame de diſtinction & de mérite, que Meſſaline lui fit répudier, dans l'extravagant deſſein de prendre ſa place.

Quoique cette impudique Impératrice eût perdu toute honte, & qu'elle eût fait entièrement divorce avec la bienſéance & avec la pudeur, elle prévit pourtant qu'un mariage ſi monſtrueux ne pourroit faire que beaucoup de bruit dans tout l'Empire. Cette ſérieuſe réflexion lui fit prendre la réſolution d'y préparer les eſprits, en introduiſant la liberté aux femmes d'avoir pluſieurs maris, comme ſi la loi le permettoit, s'imaginant que l'autorité de l'exemple efferoit la honte d'un tel mariage, & qu'on ne pourroit pas raiſonnablement la condamner pour un fait, dont tant d'autres ſeroient coupables. Mais ayant enſuite conſidéré qu'une telle nouveauté révolteroit tout le monde contre elle, à cauſe des inconvéniens infinis qui s'en enſuivroient : laſſe des voluptés ordinaires, qui n'avoient pour elle qu'une poſſeſſion inſipide, parce que les obtenant ſans peine, & les goûtant ſans trouble, elle en jouiſſoit ſans plaiſir; &, ne voulant pas refuſer plus long-temps à ſon incontinence la ſatisfaction qu'elle ſe promettoit de ce mariage, elle ſe mit au-deſſus de tout ce qui pouvoit arriver, & réſolut d'épouſer Silius, eſpérant, ſans doute, que ce crime ne lui réuſſiroit pas moins heureuſement, que tant d'autres qu'elle avoit commis impunément. Dans cette aveugle confiance, elle combla ſon galant de biens, de richeſſes, & de toute ſorte d'honneurs. Les eſclaves de Claude, ſes Affranchis, ſes meubles les plus précieux, tout paſſa dans la maiſon de Silius; il ne lui manquoit plus que la qualité d'Empereur.

Cependant, à travers ce pompeux attirail de ſouveraineté, Silius, entrevoyant la grandeur du péril auquel il s'expoſoit par cette téméraire & haſardeuſe entrepriſe, n'étoit pas ſans de vives appréhenſions de l'avenir. La crainte de la punition balança même en lui, pendant quelque temps, le deſir ambitieux de s'élever: mais il ferma les yeux au danger, ſoit qu'il eſpérât d'échapper par quelque moyen à la peine que méritoit ſon crime; ſoit qu'il craignît de ſe perdre en déſobéiſſant à Meſſaline; ſoit enfin, que las d'une fortune médiocre, il voulût ſe frayer un chemin au trône ; & ſe fortifiant enſuite contre tout évènement, il fut le premier à preſſer Meſſaline de finir leur mariage, & de le célébrer publiquement.

Toutes les ſolemnités accoutumées y furent exactement obſervées. On dreſſa le contrat, on appella des témoins pour le ſigner ; la clauſe ſolemnelle qu'ils ſe marioient pour avoir des enfans y fut appoſée ; & la merveille eſt que Claude, à l'inſçu de qui ce mariage ſe faiſoit, quoiqu'il ſe fit en ſa préſence, ſigna lui-même au contrat, Meſſaline lui ayant fait croire que tout cela n'étoit que pour détourner de lui quelque malheur dont il étoit menacé par certains préſages, & pour le faire tomber ſur Silius. On n'en reſta pas-là. Claude étant allé en campagne peu de jours après, les nôces furent célébrées avec éclat. Meſſaline parut dans l'aſſemblée parée en épouſe : elle ſacrifia aux Dieux pour la proſpérité de ſon mariage ; & après un ſuperbe feſtin qu'elle donna aux invités, parmi leſquels elle s'aſſit auprès de Silius, auquel elle donna toutes les marques de tendreſſe qu'elle auroit pu lui donner, s'il eût été ſon véritable mari, elle ſe retira dans la maiſon de ſon nouvel époux, & vécut avec lui auſſi familièrement

& avec autant de tranquillité que ſi elle eût été avec Claude.

Cette hiſtoire paſſeroit pour fable, ſi ceux qui la rapportent pouvoient être démentis, & Tacite, qui en eſt un, dit qu'il eſt perſuadé que la poſtérité aura peine à y ajouter foi. Mais ce qu'il y a encore une fois de ſurprenant, c'eſt que Claude, qui pour lors étoit à Oſtie, où Meſſaline s'étoit diſpenſée de le ſuivre, ſous prétexte de quelque indiſpoſition, ne ſavoit rien de ce qui ſe paſſoit, quoique tout ſe fît en préſence de tous les Ordres de la ville; & apparemment ce crime, comme tous les autres, auroit reſté impuni, parce qu'il auroit été inconnu à Claude, ſi Narciſſe n'eût pris ſoin de l'en faire inſtruire.

Cet Affranchi, auſſi-bien que les autres, avoit abandonné les intérêts de Meſſaline, depuis qu'elle avoit fait mourir Polybe, l'un d'entre eux qu'elle n'avoit que trop aimé auparavant. Cette mort fut pour eux un avertiſſement de ce qu'ils avoient à craindre, & les unit contre l'Impératrice, ſur l'amitié de laquelle ils voyoient bien qu'ils ne pouvoient faire aucun fonds. Réſolus de la perdre, ils ne ſongèrent plus qu'aux moyens d'y réuſſir heureuſement: ſur-tout Calliſte, Pallas & Narciſſe ſe crurent obligés d'apprendre à l'Empereur l'Empereur le mariage de Meſſaline avec Silius, perſuadés que ſi Claude venoit à le ſavoir par d'autres que par eux, ſur qui il ſe repoſoit de toutes ſes affaires, ils étoient en danger d'être punis d'un ſilence ſi criminel; outre qu'ils voyoient bien d'ailleurs que leur vie n'étoit plus en sûreté, ſi Silius réuſſiſſoit dans ſon entrepriſe. Néanmoins Pallas & Calliſte changèrent bientôt de deſſein, & furent d'avis d'eſſayer de faire revenir Meſſaline de ſon entêtement pour Silius, & de rompre leur deſſein & leur infâme commerce. Cette réſolution, auſſi-tôt abandonnée que priſe, fut ſuivie d'une autre. Convaincus, d'un côté, du pouvoir abſolu que l'Impératrice avoit ſur Claude, à qui ils étoient aſſurés qu'elle feroit croire tout ce qu'elle voudroit, ſi elle pouvoit lui parler un moment; & perſuadés, d'autre part, qu'après avoir roulé toute ſa vie dans la diſſolution & le libertinage, elle étoit dans l'impuiſſance de ſe déſaccoutumer de cette vie licentieuſe & débordée, ils furent d'avis de reſter dans le ſilence: Pallas, parce qu'il craignoit de ſe ruiner en voulant ruiner l'Impératrice; & Calliſte, parce qu'une longue expérience l'avoit inſtruit, dans les règnes précédens, qu'on ſe conſerve plus sûrement & plus long-temps dans la faveur, quand on ſait l'art de diſſimuler, & qu'on le met en uſage, que lorſqu'on donne des conſeils violens. Ainſi ces intéreſſés & lâches favoris préférèrent leur sûreté à leur devoir; la crainte de perdre leur fortune leur étouffa, pour ainſi dire, la voix, & ils laiſſèrent à Narciſſe ſeul à démêler cette fuſée.

Celui-ci perſiſta conſtamment dans ſon deſſein, il ne ſongea plus qu'à le dérober à la connoiſſance de Meſſaline, & à faire avertir l'Empereur du nouveau mariage de ſa femme avec Silius. Deux concubines de Claude, leſquelles avoient le plus de part à ſa confiance, flattées par l'eſpoir des récompenſes qu'il leur promit, & par celui d'augmenter leur crédit ſur les débris de celui de l'Impératrice, firent l'ouverture de cette affaire. Elles furent trouver l'Empereur à Oſtie, ſe jettèrent à ſes pieds, & lui annoncèrent, avec une mine effrayée, que Silius, devenu époux de Meſſaline, par un mariage monſtrueux & puniſſable, ne ſongeoit pas moins qu'à le renverſer du Trône; qu'à Rome, tout étoit dans la confuſion, & que peu s'en falloit que Silius ne fût Empereur: & pour faire voir que ce qu'elles diſoient étoit véritable, elles alléguèrent Narciſſe. Claude frappé d'étonnement, & ſaiſi de crainte, fait appeller ſon

Affranchi qui étoit auſſi à Oſtie, & l'interroge ſur le prétendu mariage de Meſſaline. Narciſſe, qui s'attendoit bien à cela, affectant un viſage triſte, & une voix plaintive, lui avoua, qu'à la vérité, il avoit juſqu'à ce jour diſſimulé les horribles débordemens de l'Impératrice, & ſes honteuſes proſtitutions avec Valens, avec Plautius, & une infinité d'autres auxquelles elle s'étoit abandonnée par le plus injurieux outrage qu'elle pût faire à ſon époux & à ſon Empereur, parce qu'il ne vouloit point révéler à tout l'Empire la honte & l'opprobre que ces épouvantables excès portoient dans la Maiſon de Céſar, & dans l'eſpérance que Meſſaline feroit quelque retour ſur elle-même : mais que puiſque ce déshonneur étoit public, que Meſſaline avoit fermé la porte de ſon cœur au repentir, & que lui-même vouloit être éclairé ſur la conduite de ſon épouſe, il ne lui étoit plus permis de déguiſer la vérité, ni de taire le mariage de l'Impératrice avec Silius, célébré en préſence de tous les ordres de la Ville. Geta, Capitaine des gardes du Palais, & Turanius, commis pour la recette des bleds, fortifièrent, par leur témoignage, le diſcours de Narciſſe ; & tout le monde enfin cria au Prince qu'il ſongeât à ſa ſûreté. L'Empereur fut d'abord ſi épouvanté, qu'il ſe crut perdu ſans reſſource. Il s'alla jetter dans le camp ; & appréhendant de n'y être pas en lieu sûr, il demandoit à tout moment ſi Silius n'étoit pas encore Empereur.

Cependant Meſſaline, enivrée de ſes plaiſirs inſenſés, étoit dans la maiſon de Silius ſon nouvel époux, avec qui, malgré tous ſes crimes, elle jouiſſoit de ſon faux bonheur, dans une tranquillité auſſi parfaite, que ſi elle n'avoit eu rien à craindre. Elle avoit aſſemblé chez elle une troupe de favoris & de femmes auſſi débauchées qu'elle, pour faire une partie de maſcarade. On y célébra la fête de Bacchus avec ces cérémonies impures, & ces geſtes infames qu'on pratiquoit aux bacchanales. Valens étoit de cette honteuſe aſſemblée ; & l'on dit que ce débauché Médecin étant monté par galanterie ſur un arbre fort haut, cria qu'il voyoit une horrible tempête s'élever du côté d'Oſtie, ſoit que cela fût véritable, ou qu'il le dît par un ſecret preſſentiment qui fut bientôt vérifié ; car l'on vint de toutes parts avertir que Claude, pleinement informé de l'état des choſes, étoit parti d'Oſtie dans le deſſein de punir les déſordres de ſa femme, & la témérité de ſes corrupteurs. L'approche de Céſar porta l'épouvante dans le cœur de tous ceux qui compoſoient cette inſolente troupe, chacun prit la fuite; Meſſaline ſe retira dans les jardins de Lucullus, dont elle avoit dépouillé Aſiaticus; & Silius, affectant une fauſſe ſécurité, alla au Conſeil pour s'acquitter des fonctions de ſa charge; quoique ſes alarmes fuſſent auſſi grandes que le danger qui le menaçoit étoit preſſant.

Meſſaline, quoique le péril fût grand, ne déſeſpéroit pas de détourner l'orage, ſi elle pouvoit parler à Claude, tant elle avoit de confiance dans la ſtupidité de cet Empereur: ce n'étoit pas la première fois qu'elle s'étoit tirée d'intrigue, & qu'elle lui avoit fait paſſer le menſonge pour des vérités évidentes: elle ſavoit endormir ſa crédulité par des careſſes artificieuſes, auxquelles Claude n'avoit par la force de réſiſter.

Pour attendrir le cœur de ce Prince, elle fit conduire Britannicus & Octavie au-devant de lui, & pria Vibidia, la plus ancienne des Veſtales, de les ſuivre; & après avoir traverſé à pied toute la Ville, abandonnée de tout le monde, que le ſouvenir de ſes diſſolutions rendoit inſenſible à ſes malheurs, elle trouva à la porte de la ville le tombereau d'un jardinier; elle monta deſſus, & alla au-devant de Claude, qu'elle ſe promettoit toujours de fléchir, ſi elle pouvoit lui parler. Narciſſe, qui étoit très-perſuadé qu'il étoit important qu'elle ne vît pas l'Empereur, dont elle auroit infailliblement gagné l'eſprit, évita le coup fort adroitement. Il ſe mit à deſſein dans le carroſſe de ce Prince, & ne l'entretint que des proſtitutions de ſa femme. Vitellius & Cecina, qui étoient auſſi dans le carroſſe, gardoient le ſilence, & ne parloient ni pour ni contre Meſſaline, pour ne pas s'attirer ſa haine ſi elle ſe tiroit d'affaire, & pour qu'on ne pût pas dire qu'ils approuvoient ſes débauches, s'ils entreprenoient de la juſtifier.

Enfin, Meſſaline parut, & elle demanda hautement qu'on donnât à Céſar la liberté d'écouter la mère de Britannicus & d'Octavie. Le pas étoit gliſſant pour Narciſſe, & il eſt certain que ce moment décidoit de ſon ſort & de celui de Meſſaline. Cet adroit Affranchi, qui en connoiſſoit la conſéquence, uſa encore de ruſe pour empêcher l'Empereur d'entendre ſa femme en l'occupant artificienſement à lire des mémoires qu'il lui préſenta, leſquels contenoient l'hiſtoire de tous les débordemens de Meſſaline ; & par cette lecture, il l'amuſa juſqu'à ce que le carroſſe eut laiſſé beaucoup en arrière l'Impératrice & ſes enfans, que Narciſſe empêcha auſſi qu'on ne préſentât à leur père. Néanmoins Vibidia, malgré toutes les précautions de cet Affranchi, trouva le moyen de parler à Claude. Elle lui repréſenta, avec beaucoup de liberté, qu'il ne devoit pas ajouter foi à tout ce qu'on lui avoit dit contre Meſſaline ; que tous ces rapports étoient autant d'impoſtures que ſes ennemis avoient inventés pour la noircir dans ſon eſprit, & pour la perdre ; qu'il étoit du moins juſte qu'il ne la condamnât pas ſans l'entendre. Narciſſe, qui craignoit que cette Veſtale ne changeât l'eſprit aſſez irréſolu de Claude, l'interrompit bruſquement, en lui diſant : qu'on entendroit Meſſaline ; mais qu'une Veſtale comme elle devoit ſe mêler de ſes ſacrifices.

Claude étoit muet & comme immobile, & l'on auroit dit, à le voir, qu'il n'avoit nul intérêt à ce qui ſe paſſoit : mais dès qu'étant arrivé à Rome, il fut entré dans la maiſon de Silius, où Narciſſe le conduiſit adroitement, & qu'il l'eut trouvée embellie de tous les meubles les plus précieux, & les plus magnifiques de ſon palais, & qui avoient appartenu aux Druſus & aux Nérons ſes ayeux, alors il entra dans une colère égale à ſa honte, & fit ſur-le-champ exécuter Silius & les autres corrupteurs de Meſſaline. Lateranus dut ſon ſalut au mérite & aux ſervices de ſon oncle, & on pardonna à Ceſonius pour des raiſons que la pudeur ne permet pas de dire, & pour leſquelles il ne méritoit que trop la mort.

Mneſter voulut partager ſon tort avec Claude, qui lui avoit commandé d'obéir aveuglément à Meſſaline. Il proteſta qu'il n'auroit jamais été coupable, s'il ne l'avoit été par ordre du Prince ; que forcé d'obéir à l'Empereur, il étoit devenu criminel à regret & par néceſſité, bien éloigné des vues ambitieuſes & intéreſſées des autres amans de l'Impératrice, qui n'avoient porté le déshonneur dans la maiſon de Céſar, que pour aggrandir leur fortune par la récompenſe de leur crime, ou pour ſatisfaire leur paſſion. Ces raiſons avoient déja ébranlé Claude, & il n'y a pas de doute qu'il n'eût pardonné à ce bateleur, ſi tous les Affranchis ne lui euſſent repréſenté qu'il ne devoit pas trouver grace pour un crime qui coûtoit la vie à tant d'autres, que la mort devoit expier la hardieſſe qu'il avoit eu de ſouiller le lit de l'Empereur, puiſqu'enfin il n'étoit pas moins adultère de Meſſaline, fut-ce de gré ou de force.

Tandis que tout ceci ſe paſſoit, Meſſaline, retirée aux

aux jardins de Lucullus, étoit dans de grandes agitations. Tantôt elle désespéroit d'obtenir le pardon de ses crimes, & tantôt elle se flattoit de pouvoir obtenir grace par le moyen des caresses qui l'avoient si souvent retablie dans l'esprit de Claude. Et en effet, il est constant que si Narcisse, en hâtant la mort de cette Princesse, ne l'eût mise hors d'état de parler à son époux, jamais Claude ne l'eût fait mourir : car étant de retour dans son palais, où il trouva un soupé apprêté à son goût, oubliant dans le vin tout ce qu'on lui avoit dit de Messaline, il ordonna qu'on allât avertir cette misérable (ce fut le terme dont il se servit) de venir le lendemain se justifier.

La justification de l'Impératrice étoit sans contestation le gain de sa cause, & la ruine de ses accusateurs. Narcisse vit bien que sa vie dépendoit de la mort de Messaline, & qu'il étoit perdu sans ressource, s'il attendoit au lendemain, parce qu'il connut que l'Empereur n'auroit jamais la force de résister aux caresses de sa femme, qui ne desiroit autre chose que de lui parler un moment, pour lui faire croire tout ce qu'elle voudroit ; c'est pourquoi il résolut de tout hasarder. Il sortit de la chambre de Claude, & ayant rencontré dans le palais quelques Centurions, il leur ordonna, de la part de l'Empereur, d'aller faire mourir Meſſaline ; & Evodius, qui étoit un des Affranchis de Claude , fut commandé pour aſſiſter à l'exécution. Ils allèrent aux jardins de Lucullus, où ils trouvèrent Meſſaline couchée à terre, dans un équipage & dans une poſture qui inſpiroit la compaſſion. Lepida ſa mere étoit avec elle, & ne l'avoit pas voulu abandonner dans ſon malheur, quoique Meſſaline ne lui eût témoigné que de l'indifférence dans le temps de ſa fortune. Cette Dame, qui ſavoit de combien de crimes ſa fille étoit coupable, l'exhortoit à prévenir, par une mort courageuſe, celle que l'on devoit à ſes déſordres : mais Meſſaline, dont le cœur corrompu par la volupté, & abruti par l'habitude au vice, n'étoit capable d'aucun ſentiment d'honneur (car c'en étoit un parmi les Romains, de s'ôter la vie dans les grands malheurs) s'amuſoit à verſer des larmes, & à déplorer ſon ſort.

Cependant les ſoldats enfoncèrent les portes, & un Capitaine ſe préſenta à l'Impératrice ſans dire un ſeul mot. Evodius, qui avoit été eſclave, n'eut pas la même retenue; il lui fit mille reproches outrageux, lui rappella hautement tous ſes déſordres, & l'inſulta avec une inſolence digne de ſa première condition. Ce fut alors que Meſſaline connut qu'il n'y avoit pour elle aucune eſpérance de vie. Elle voulut ſe l'ôter elle-même avec un couteau que ſes mains tremblantes approchèrent pluſieurs fois de l'eſtomac, & qui refusèrent toujours de faire cet office : mais le Capitaine, ſans plus attendre, leur épargna cette peine, & la perça d'un coup d'épée.

Claude étoit à table quand on lui dit que Meſſaline étoit morte, ſans lui expliquer ſi on l'avoit tuée, ou ſi elle s'étoit fait mourir elle-même; il ne s'en informa même pas : au contraire, comme ſi on lui avoit débité la nouvelle du monde la plus indifférente, il demanda à boire, & continua ſon repas. Il ne donna les jours ſuivans aucune marque de triſteſſe ni de joie, ce qui étoit un effet de ſa ſtupidité : car il ſe ſouvenoit ſi peu de ce qui venoit de ſe paſſer, qu'un jour étant à table, il demanda pourquoi l'Impératrice ne venoit pas.

Telle fut la fin malheureuſe de Meſſaline, dont la vie ne fut qu'un monſtrueux enchaînement de crimes. Nous pouvons même remarquer qu'elle fut maſſacrée dans les jardins de Lucullus, qu'elle avoit envahis à Aſiaticus, en le faiſant mourir injuſtement, comme ſi le Très-Haut eût voulu venger la mort de ce Sénateur par celle de ſa perſécutrice, en la faiſant périr au lieu même qui avoit été l'objet de ſon avidité, à-peu-près comme il vengea autrefois celle de Naboth, par la fin funeſte & effroyable de Jeſabel, laquelle, pour avoir ſa vigne, lui avoit ſuſcité des crimes faux, pour leſquels elle le fit inhumainement mourir; mais laquelle auſſi, par un juſte jugement de Dieu, fut enſuite elle-même maſſacrée dans Jeſrael où étoit la ville de Naboth. Terribles punitions qui doivent apprendre à ceux qui ont quelque autorité en main, qu'ils ne doivent jamais s'en ſervir pour envahir le bien de ceux qui, expoſés à leur avarice & à leur perſécution, ſuccombent ſous leur pouvoir, parce que, tôt ou tard, le Tout-Puiſſant tire une juſte vengeance de ces injuſtices & de ces oppreſſions.

DE LA LITTÉRATURE

CHEZ LES ROMAINS.

UNE des premières preuves que donnèrent les Romains de leur ſage & profonde politique, fut de ſe choiſir, chez une Nation étrangère, un Roi légiſlateur qui ſût faire régner la juſtice dans un Empire fondé par la violence. Ils n'avoient d'autre vertu qu'un courage féroce, d'autre ſentiment que l'amour de la patrie. Numa, pour adoucir l'âpreté de leur caractère, voulut que l'art fît chez les Romains, ce que la Nature avoit fait chez les Grecs. Il eſſaya d'inſpirer à ce peuple naiſſant l'amour & la crainte des Dieux, le goût de la Poéſie & de la Muſique, en liant l'une & l'autre à la Religion & au Gouvernement.

La Poéſie préſida dès-lors aux ſacrifices & aux banquets, & chanta la puiſſance des Dieux, les vertus & les exploits des grands hommes.

Les Muſes avoient tracé le plan du Gouvernement de Numa. Elles lui ordonnèrent de leur conſacrer un bois voiſin de Rome, & c'étoit dans ce bois révéré qu'il alloit conſulter la nymphe Egérie ; car le merveilleux qui frappe l'imagination d'un peuple encore barbare, eſt le moyen le plus sûr pour s'en faire obéir : choſe affligeante cependant qu'il faille ſi ſouvent tromper les hommes pour les rendre meilleurs !

Les Romains n'avoient été dans leur origine qu'un ramas de brigans échappés des différentes contrées de l'Italie. Ils s'étoient d'abord propoſé d'admettre au rang de citoyens quiconque, avec de la valeur & eds talens utiles, viendroit ſe réfugier à Rome. Ils s'imposèrent la loi de prendre, même chez leurs ennemis, les uſages qui leur paroîtroient les plus avantageux. C'eſt par ce ſage principe dont ils ne ſe ſont jamais écartés, qu'ils ont jetté les fondemens de leur puiſſance, & qu'après s'être rendus les maîtres de la terre, ils ont eu l'ambition de diſputer à la Grèce l'empire des talens & du génie.

Tant que les Romains n'eurent à combattre que des Nations pauvres, vertueuſes & guerrières, ils ne voulurent triompher que par la valeur & la vertu. Ils commencèrent à rougir de leur ignorance dès qu'ils eurent pour rivaux des peuples éclairés par les

Arts ; & les vainqueurs de Corinthe, de Numance, & de Carthage, témoins de la haute réputation des Grecs, aſpirèrent bientôt à une gloire que les armes ne pouvoient donner.

Sans doute il ne fut pas facile de plier le génie mâle & profond du peuple le plus grave, & de lui faire cultiver des Arts qui devoient lui paroître frivoles. Heureux au ſein de la pauvreté, endurci aux travaux de la campagne, accoutumé aux grands intérêts de la guerre & de la politique, comment pouvoit-il ſentir le charme des vers & les graces de l'harmonie? Cette révolution ſubite qui ſe fit dans les eſprits, fut pourtant l'ouvrage d'un ſeul homme.

Le plus grand des Scipions fit à Rome ce que François Premier a fait depuis en France, avec la différence que Scipion, ſimple citoyen d'une République encore barbare & jalouſe juſqu'à l'excès de ſa liberté, déracina du cœur des Romains l'orgueilleux dédain, la fière antipatie qu'ils avoient pour les Arts, & que François Premier, maître abſolu d'un peuple ami des plaiſirs, n'eut qu'à parler pour être obéi.

Dans l'une & l'autre Nation, les commencemens

ont été les mêmes, & si les progrès furent plus rapides à Rome, on ne doit pas en conclure que les Romains fussent doués par la Nature d'un génie plus heureux pour les Arts.

Scipion parut lorsque les richesses commençoient à s'introduire chez les Romains. Les Cincinnatus, les Fabricius, tous ces Héros qui faisoient retentir l'Italie du bruit de leurs conquêtes, & revenoient cultiver de leurs mains le champ de leurs pères, ces modèles vantés des antiques vertus de Rome n'étoient déja plus. Caton seul marchoit sur leurs traces, & les proposoit encore pour exemple à la jeunesse indocile à ses leçons. On vit ce Censeur austère, effrayé d'une révolution qui menaçoit la République, attaquer le vainqueur d'Annibal, & chasser de Rome, comme de vils corrupteurs, les Philosophes les plus éloquens de la Grèce : mais à peine eut-il senti la nécessité de faire fleurir les sciences, que ce vertueux citoyen, dont la gravité n'avoit jamais daigné sourire aux Graces, & qui haïssoit Scipion, parce qu'il étoit l'ami des Arts, que Caton, dis-je, âgé de plus de quatre-vingt ans, se fit enseigner la langue grecque : exemple rare dans un vieillard, & sans doute moins admiré qu'il ne mérite de l'être.

Alors

Alors les Romains, au milieu du tumulte des guerres, occupés des grands intérêts de la République, mais toujours infatigables dans les travaux, embrassèrent avec avidité ce moyen nouveau d'arriver à la gloire, & de rendre un jour leur patrie la digne rivale d'Athènes : alors les Praticiens & le peuple se disputèrent à l'envi l'honneur de se signaler dans les Lettres ; alors le savoir & l'éloquence furent les seuls degrés qui conduisirent aux premières dignités romaines, & l'on vit les Généraux des Conquérans du Monde, quand la vieillesse les forçoit de revenir au sein de leurs foyers, tout décorés qu'ils étoient de la robe triomphale, s'honorer de la profession de Jurisconsultes, & d'Instituteurs de la jeunesse.

Tels furent les rapides progrès des Lettres chez les Romains.

L'antique loyauté Françoise, ces temps héroïques de la Chevalerie touchoient à leur fin ; mais Bayard vivoit encore lorsque François Premier monta sur le trône. La Noblesse, fière esclave de l'honneur, croyant qu'un courage aveugle étoit le seul mérite du Guerrier, ne connoissoit dans la paix que les plaisirs d'un amour romanesque, faisoit gloire de son ignorance, & du sein de l'oisiveté regardoit avec un mépris égal les travaux des Arts, ceux de l'eſprit & du génie.

Le jeune Monarque, occupé de rendre ſa Cour la plus brillante de l'Europe, attira d'abord les Grands & les femmes auprès de ſa perſonne. Pour les y fixer, il appella les Sciences & les talens. Ils parurent, & le peuple encouragé par des récompenſes & des diſtinctions flatteuſes, s'empreſſa de les cultiver. François Premier, qui vouloit que ſa Capitale devînt le ſéjour de la galanterie & du goût, y laiſſa introduire l'intrigue & le libertinage. Il fit ainſi diſparoître, en croyant le favoriſer, ce ton de Chevalerie qui diſtinguoit encore la Nobleſſe Françoiſe, mais ſans arracher les Nobles à l'oiſiveté, ſans qu'il lui fût poſſible de leur inſpirer un véritable amour pour les Lettres: tant il eſt vrai que les travaux les plus oppoſés en apparence à la culture des Arts, en ſont moins éloignés qu'une vie oiſive & molle, qui énerve l'ame & fait perdre à l'eſprit toute ſon activité.

La Nobleſſe Françoiſe n'étoit point alors perſuadée qu'il fût de ſa dignité, d'employer à l'étude des Sciences & des beaux Arts, un temps qu'elle prodiguoit à l'intrigue & aux amuſemens frivoles. Conſtante adoratrice de la faveur des Rois, alors c'étoit la naiſſance & la fortune qu'elle encenſoit.

Les Patriciens plus fiers ſe croyoient faits pour commander aux Rois, mais ils eſtimoient la qualité d'homme. Ils eurent le noble orgueil de diſputer aux derniers citoyens tous les talens qui honorent, & la ſage politique de les tourner au profit du Gouvernement. Quelle foule de Héros immortaliſés pour s'être diſtingués à la fois, dans la poéſie, & l'éloquence, & la guerre, & la politique! les Scipions, les Lelius, les Craſſus, les Pompées, les Lucullus, les Céſars, & tant d'autres, allioient au talent d'écrire, ceux de gouverner les peuples, & de commander les armées. On eſt même frappé de l'éloquence fière & nerveuſe du farouche Marius, qui, né dans la pouſſière, ne ſuivit & ne connut que le métier des armes. Le moindre des citoyens Romains avoit ſouvent exercé l'art de l'éloquence lorſqu'il marchoit ſimple ſoldat ſous les aigles de la République.

On voit que les François, doués d'une vivacité, d'une fleur d'eſprit qui les rend propres aux Arts, ſe ſont accoutumés de bonne heure à ne les enviſager que comme un ſimple amuſement preſque incompatible avec les armes & la magiſtrature, & que les Romains, dont les mœurs étoient auſtères, & dont l'esprit naturellement grave étoit plus fait pour la politique, ont cultivé ces mêmes Arts, comme le seul moyen de parvenir aux emplois les plus importans, & de les remplir avec gloire. Ont-ils été plus loin que nous dans la carrière? Sont-ils arrivés à ce haut degré de perfection où les Grecs s'étoient élevés? Le goût de la saine Littérature s'est-il conservé à Rome aussi long-temps que dans la Grèce? Les Athéniens ont-ils eu recours, comme les Romains, à l'autorité, pour faire parler leur langue à tous les peuples civilisés de la terre? Ces questions sont faciles à résoudre, & le seroient encore davantage, si les ravages des temps ne nous avoient pas privés de la plus grande partie des chefs-d'œuvre qui ont servi de modèle aux Romains dans tous les genres, & dont ils reconnoissoient eux-mêmes la supériorité.

Il seroit trop long, dans un Ouvrage de cette nature, de faire encore un parallèle (sujet si rebattu) des siècles brillans d'Alexandre, d'Auguste, & de Louis le Grand. Il me semble plus à propos de parler de la décadence des Lettres à Rome, époque où les femmes ont commencé à les cultiver.

La vie sédentaire des Dames Romaines, uniquement occupées de l'intérieur de leur maison, le soin qu'on prit, tout le temps que dura la République, de les élever dans l'ignorance, le profond reſpect même qu'on leur portoit, & les honneurs preſque divins rendus à celles qui avoient vécu retirées, chaſtes & laborieuſes, étoient autant d'oſtacles formés par les hommes pour les détourner de l'amour des Lettres. La mère des Gracques, & la fille du célèbre Hortenſius, ſont peut-être les ſeules qui, juſqu'à la fin du règne d'Auguſte, ſe ſoient diſtinguées de leur ſexe, par l'éloquence & le ſavoir. On ne placera point au même rang deux ou trois Femmes galantes, à qui l'amour du plaiſir inſpira par haſard quelques poéſies légères, ouvrages du moment, oubliées dès leur naiſſance. Les Dames Romaines n'ambitionnèrent le titre de bel eſprit & de Philoſophes, que lorſqu'elles ceſsèrent de prétendre aux noms plus reſpectables de mères tendres, & d'épouſes fidèles, & comme elles étoient devenues toutes-puiſſantes dans un Gouvernement où l'intrigue faiſoit tout, elles établirent dans les Lettres un deſpotiſme qui bannit pour jamais de Rome le goût de la ſaine Littérature. La diſſipation, l'ignorance & le libertinage, empêchoient de ſe pénétrer de l'amour du vrai, de ſentir le prix des graces ſimples & naïves, & d'eſtimer la ſage ordonnance des ouvrages inſpirés par le génie & avoués par la raiſon.

Les Ecrivains, intéreſſés à plaire à des eſprits pareſſeux & ſuperficiels, à des cœurs corrompus, voulurent les étonner par des ſentimens forcés, les éblouir par de faux brillans, par de vaines antithèſes, & leur en impoſer par un ton ſentencieux : alors l'amour du bel eſprit s'empara d'un ſiècle qui ſe crut Philoſophe, parce qu'il étoit frivole & raiſonneur.

On ne peut voir, ſans chagrin, qu'un auſſi grand homme que Sénèque ait eu la foibleſſe de ſe prêter au mauvais goût de ſon ſiècle, & la petite vanité de rabaiſſer les plus beaux génies de Rome & d'Athènes pour s'élever au-deſſus d'eux. Ses richeſſes & ſon crédit ne contribuèrent pas moins que ſes talens à groſſir le nombre de ſes admirateurs. Bientôt il ne fut plus poſſible de ſe faire un nom dans les Lettres, qu'en adoptant ſa manière d'écrire, & ſur-tout ſa façon de penſer. Dès qu'il ſe fut permis de tourner en ridicule la proſe nombreuſe de Cicéron, & de parodier les vers enchanteurs de Virgile, il ſe forma une ſecte qui arbora ſes étendards ſous le titre modeſte de Philoſophes, & qui renverſa toutes les opinions reçues en matière de religion, de mœurs & de littérature.

Les bons esprits, en petit nombre, voulurent s'opposer quelque temps au torrent de la licence & du mauvais goût : leurs voix n'étoient plus entendues ; il fallut en gémir & se taire. Eh ! comment ne pas voir avec douleur que les Lettres, autrefois la gloire des Etats, en soient devenues le fléau le plus dangereux.

FIN.

AVIS.

NOUS donnerons *gratis*, ſous quinzaine, à MM. nos Souſcripteurs, la Gravure de Sa Majeſté notre auguſte REINE, gravé d'après Madame le Brun.

www.ingramcontent.com/pod-product-compliance
Ingram Content Group UK Ltd.
Pitfield, Milton Keynes, MK11 3LW, UK
UKHW020430180726
13839UKWH00003B/1413

9 782329 554297